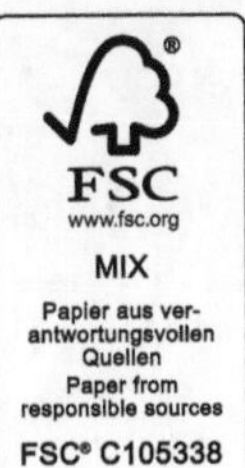

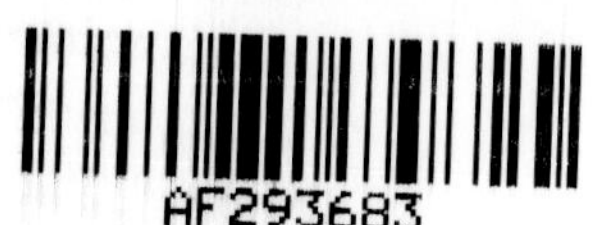

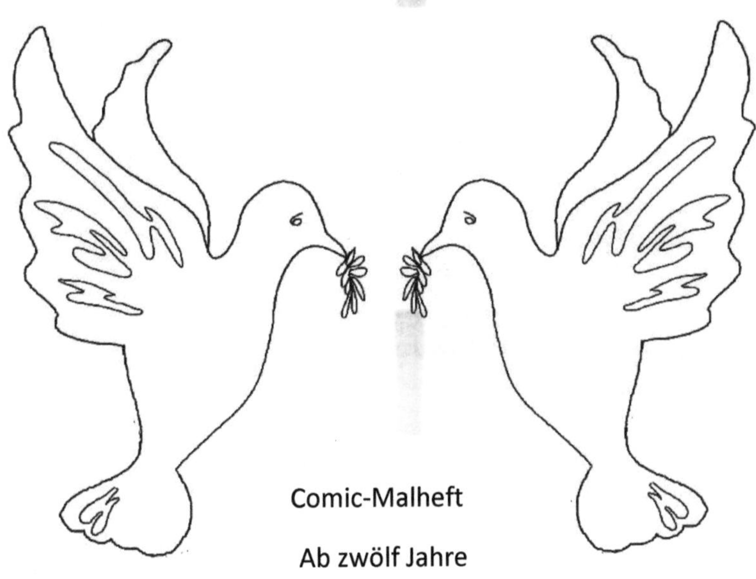

Comic-Malheft

Ab zwölf Jahre

Impressum:

© 2022 Ümit Elveren

Herstellung und Verlag:

BoD – Books on Demand, Norderstedt

ISBN: 9783755754794

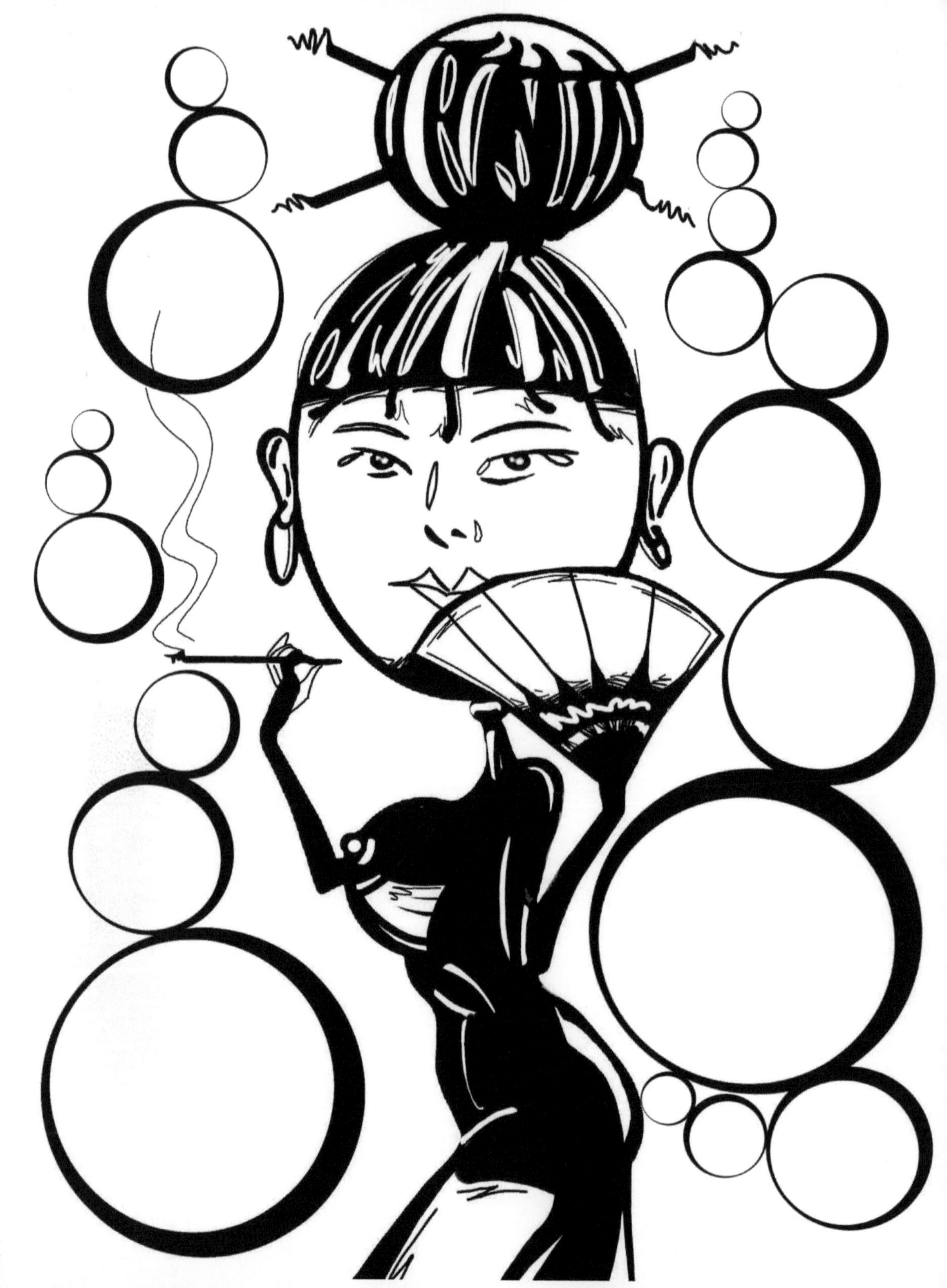

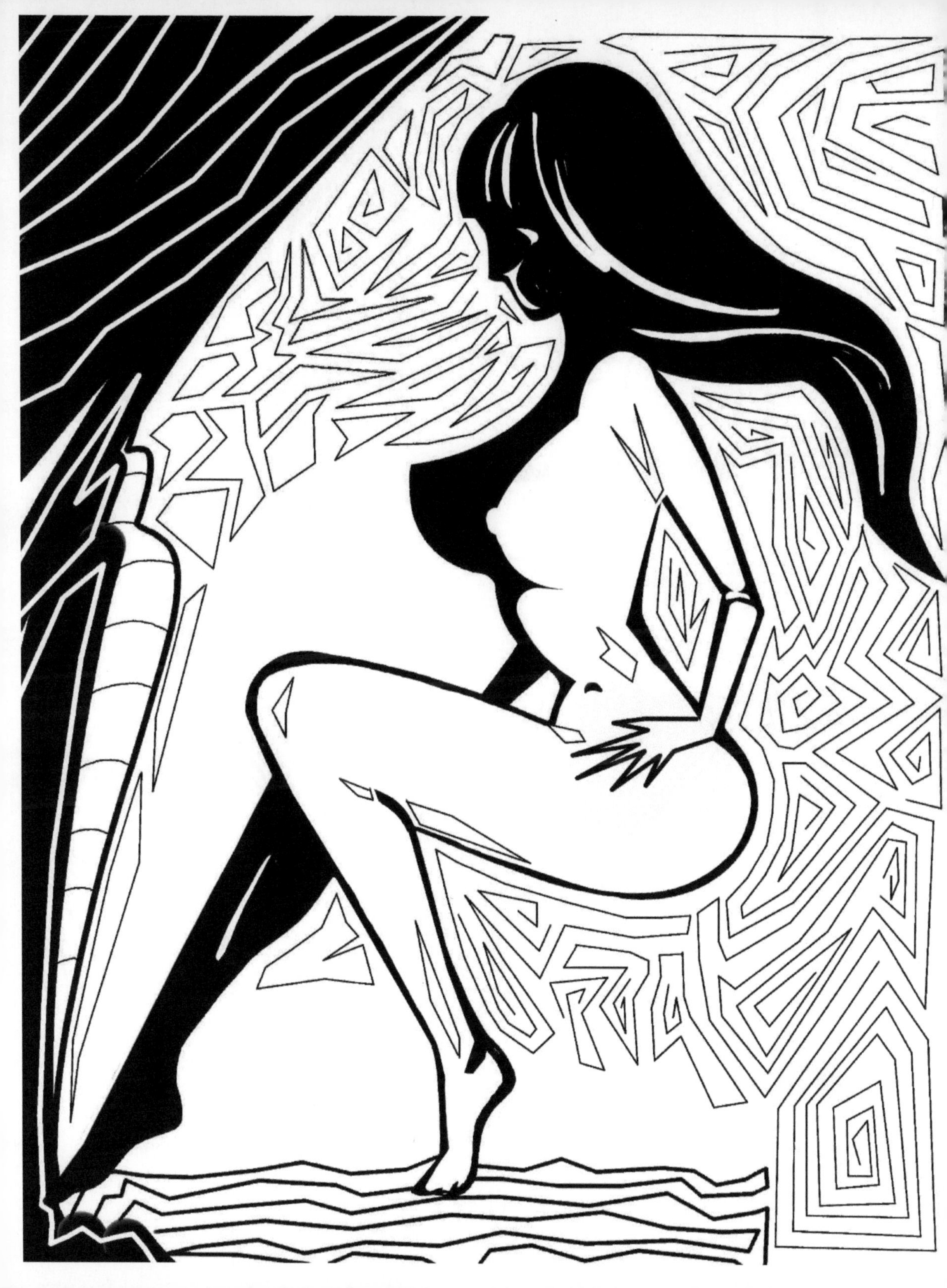

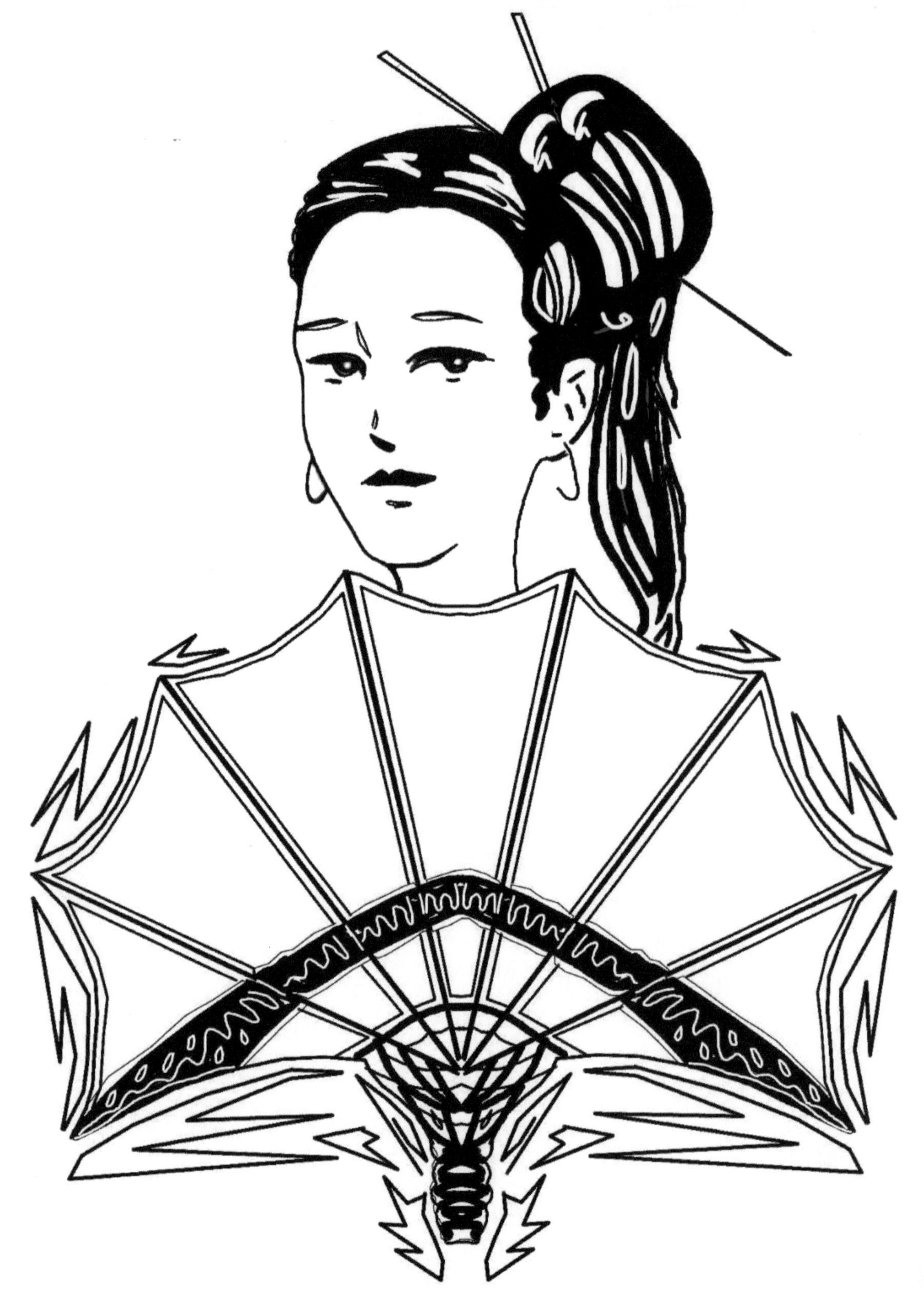

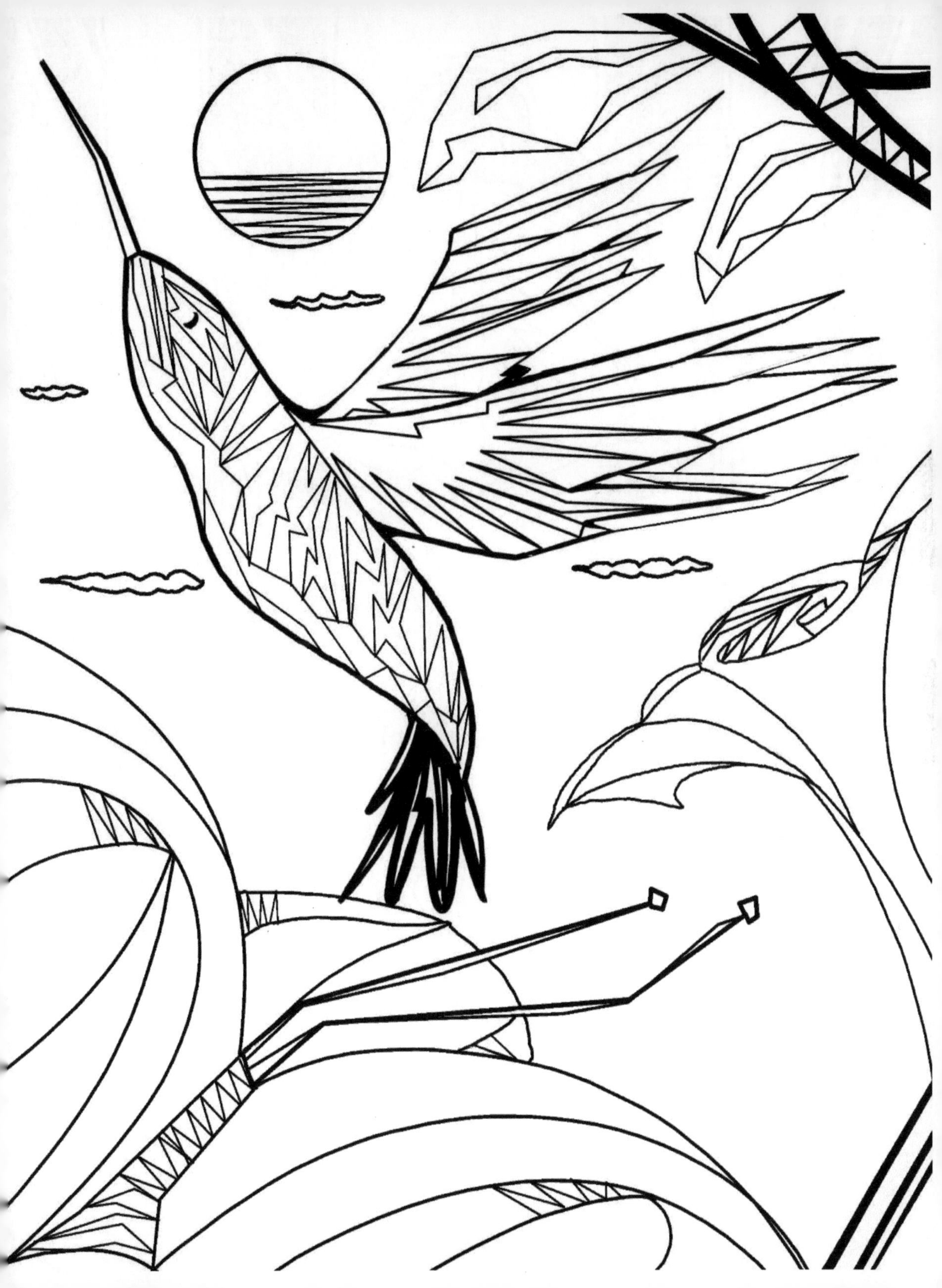

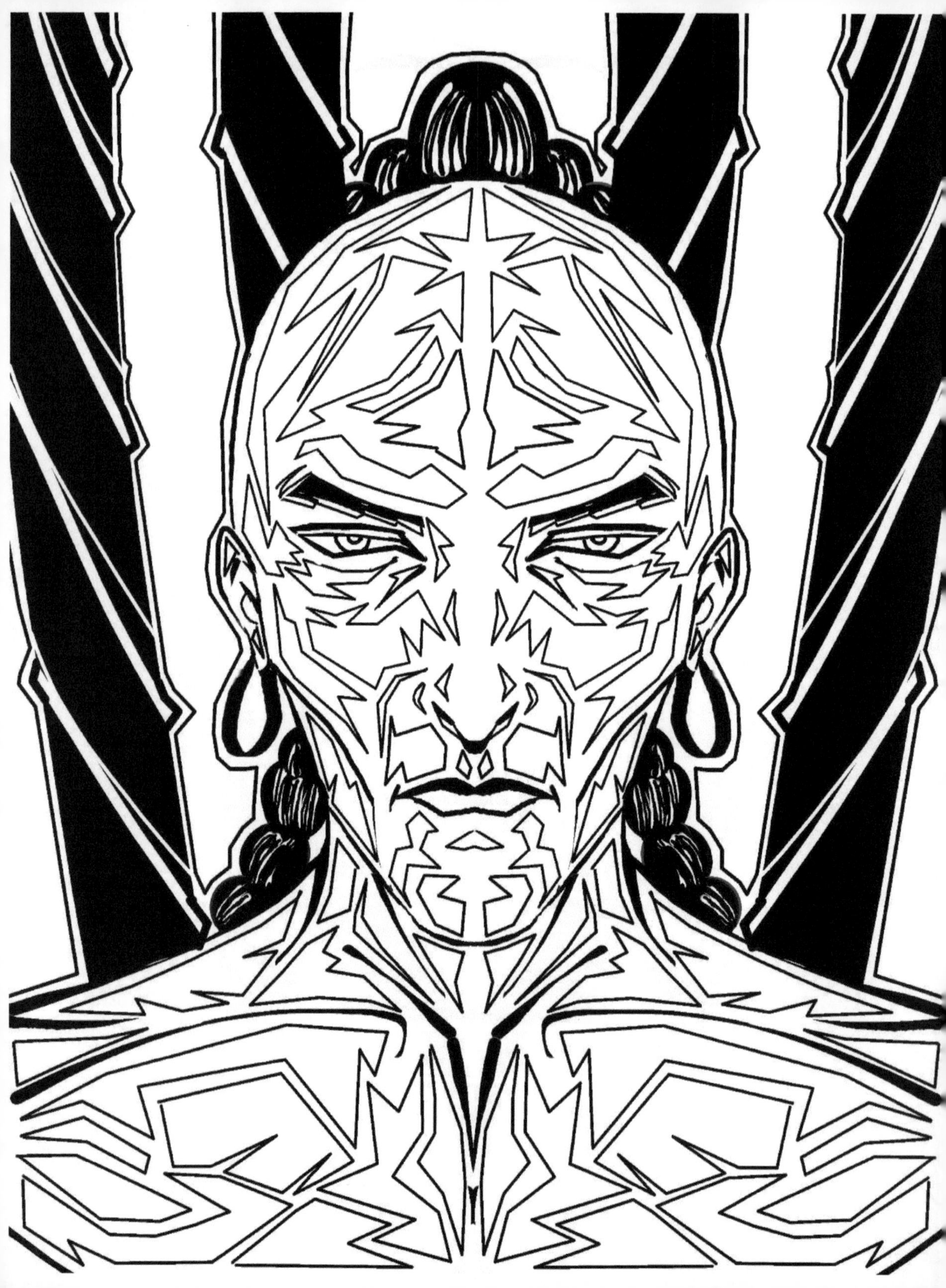

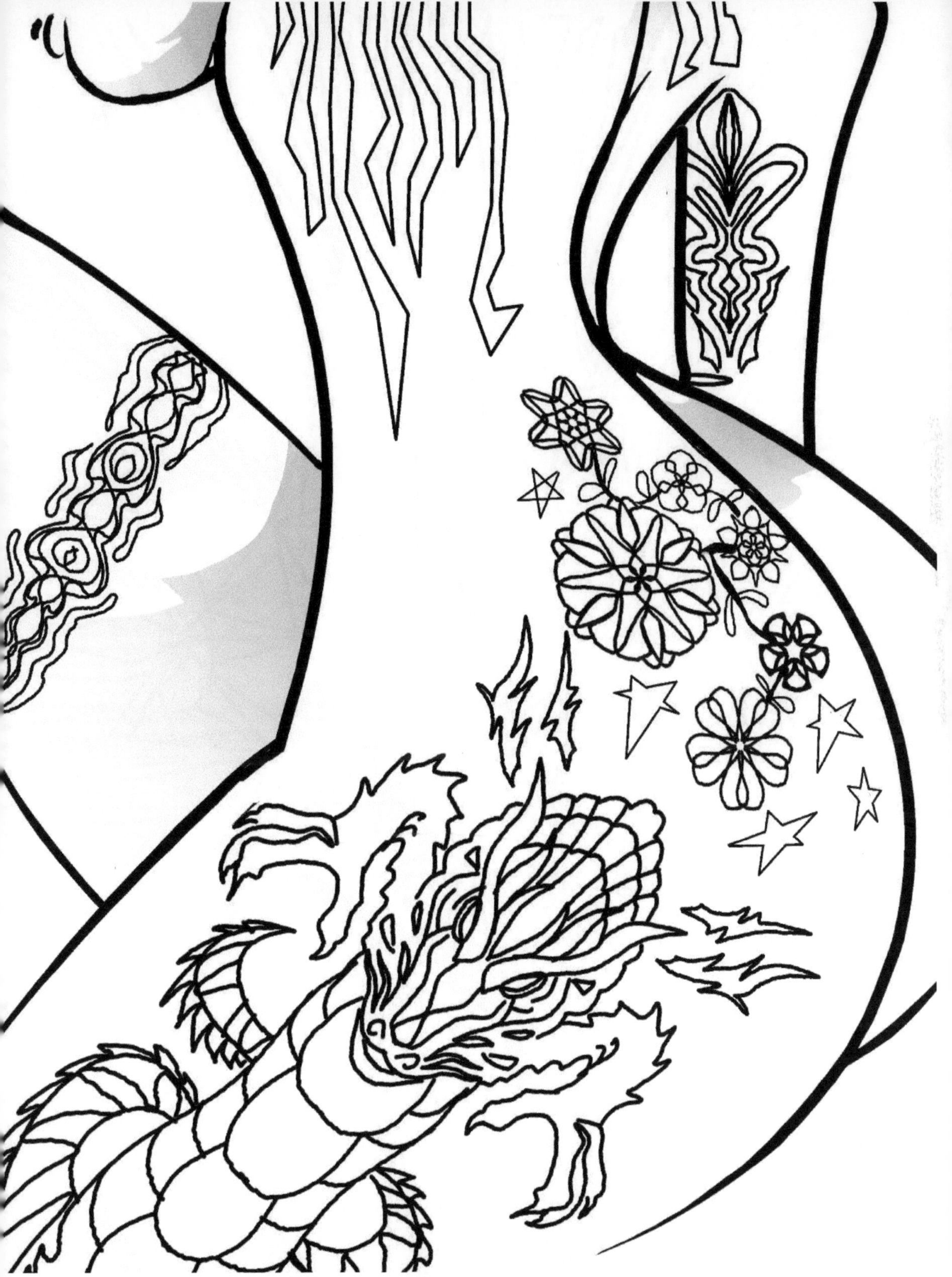

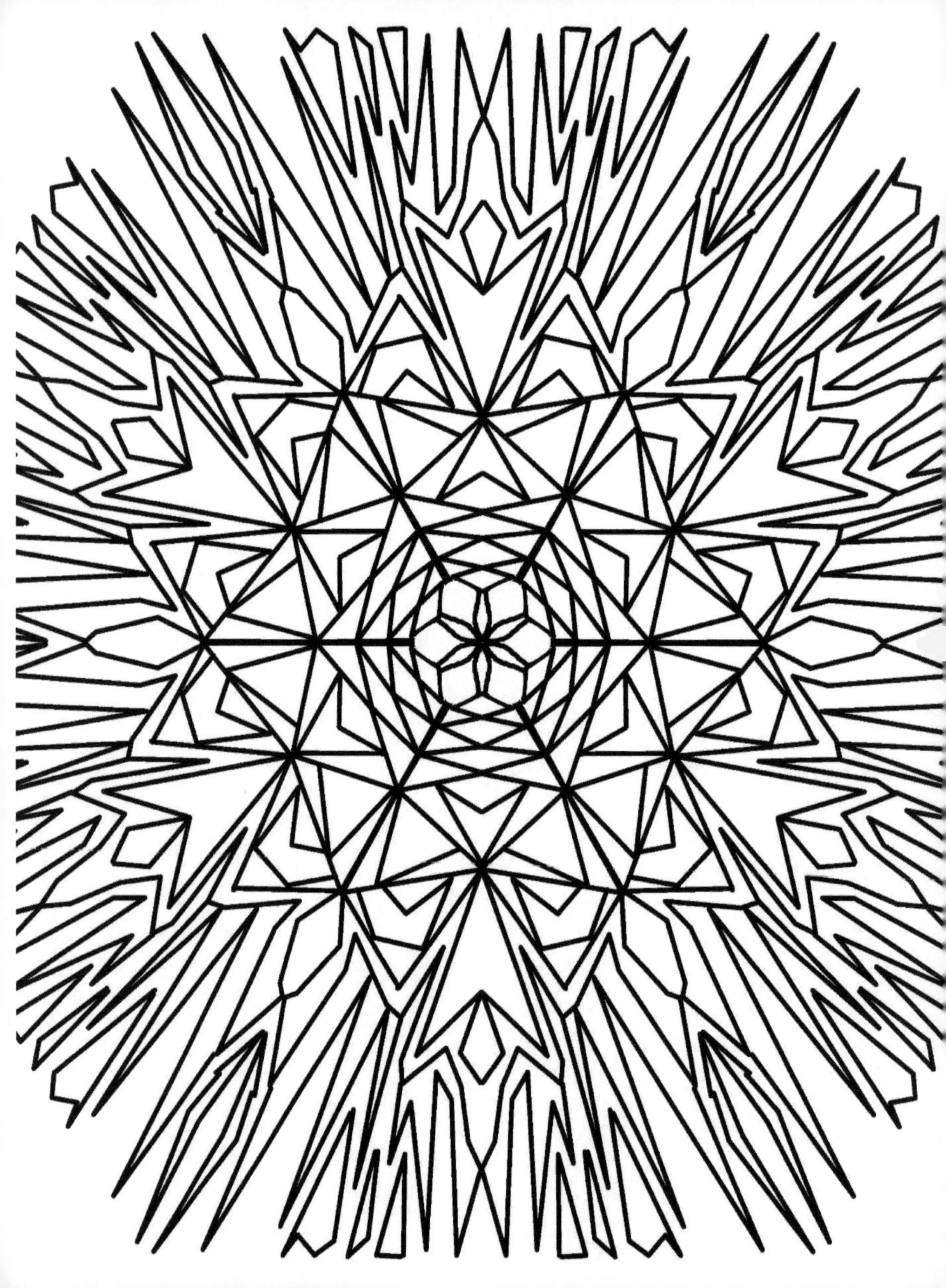

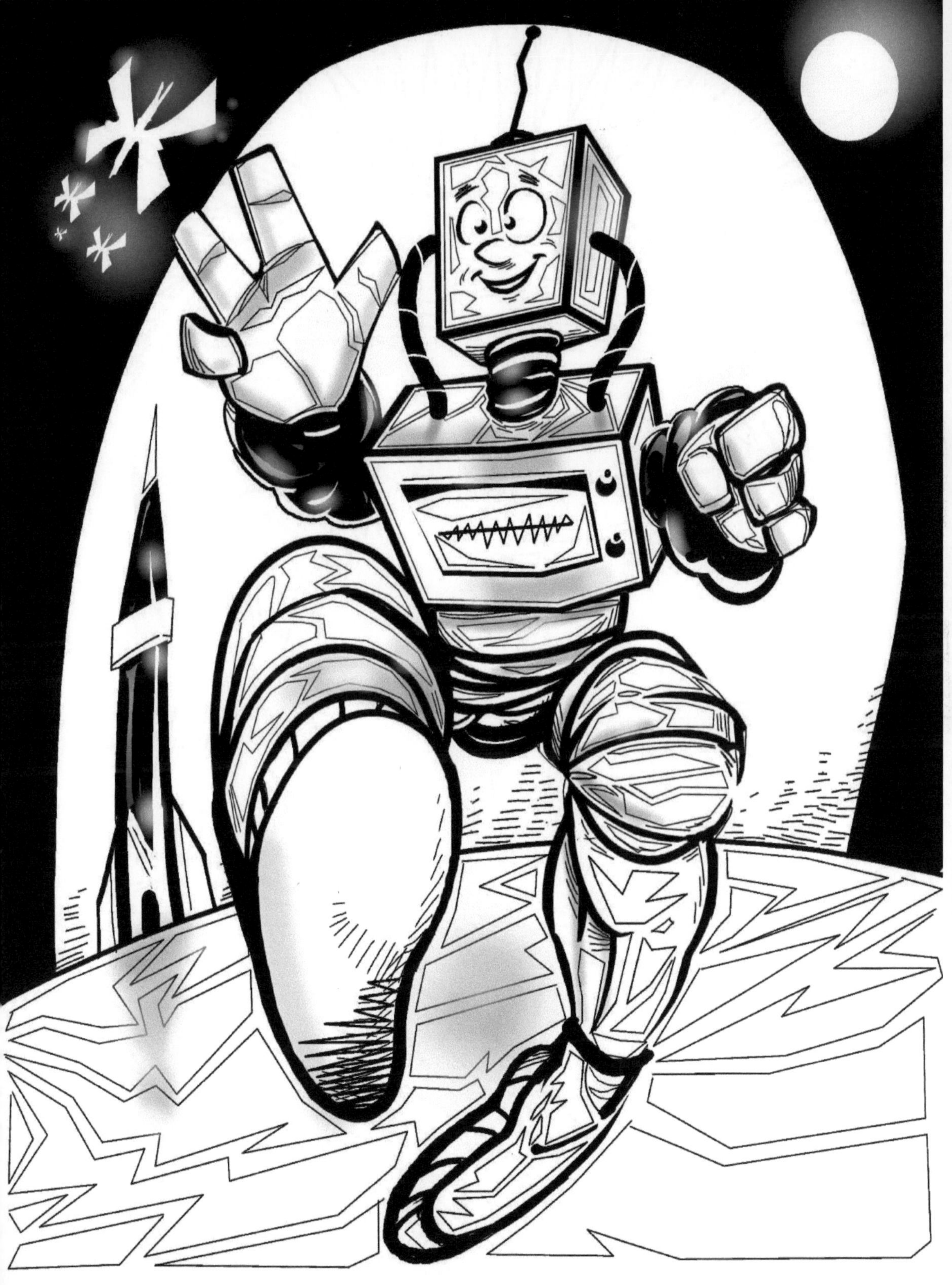

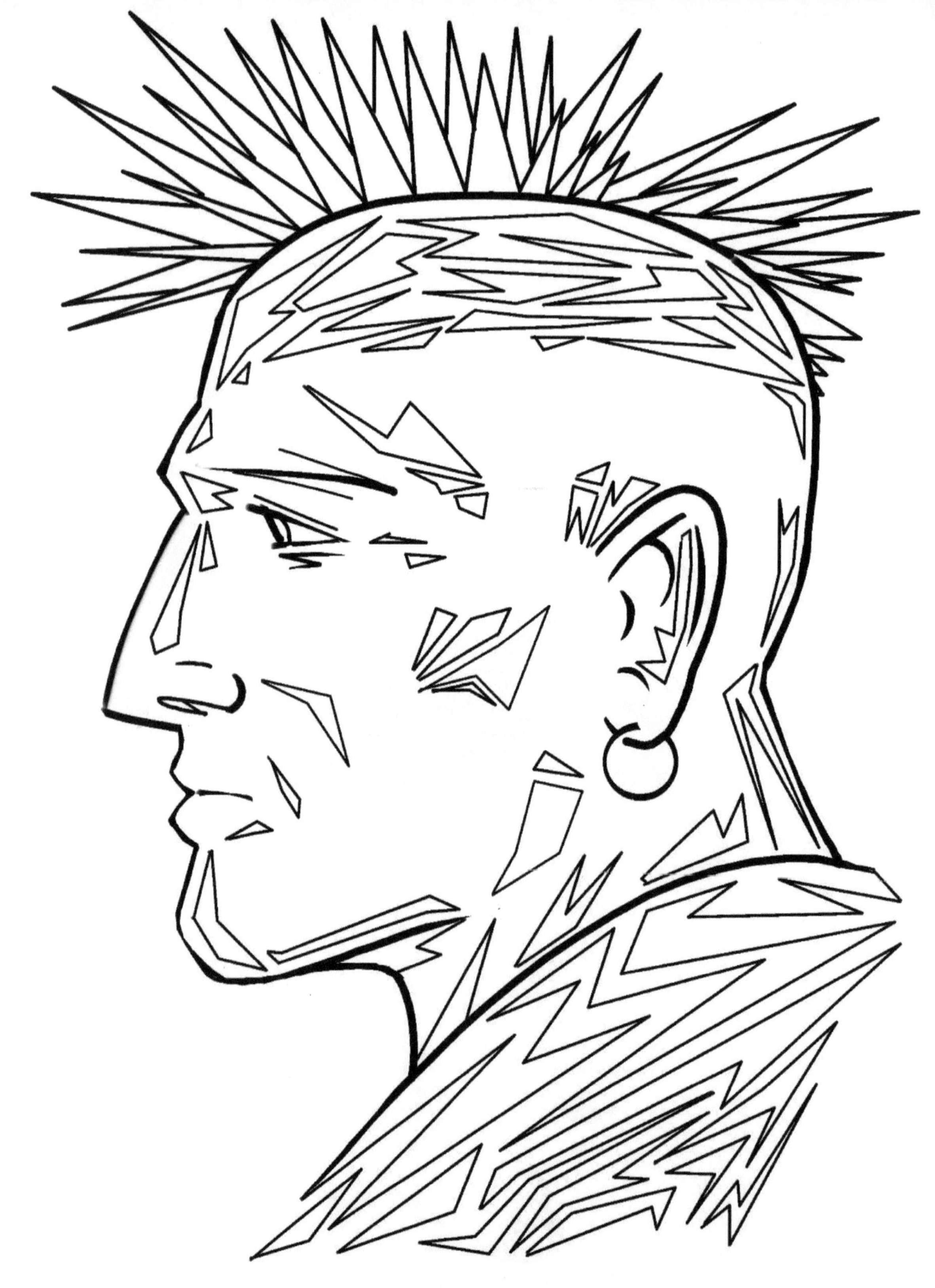

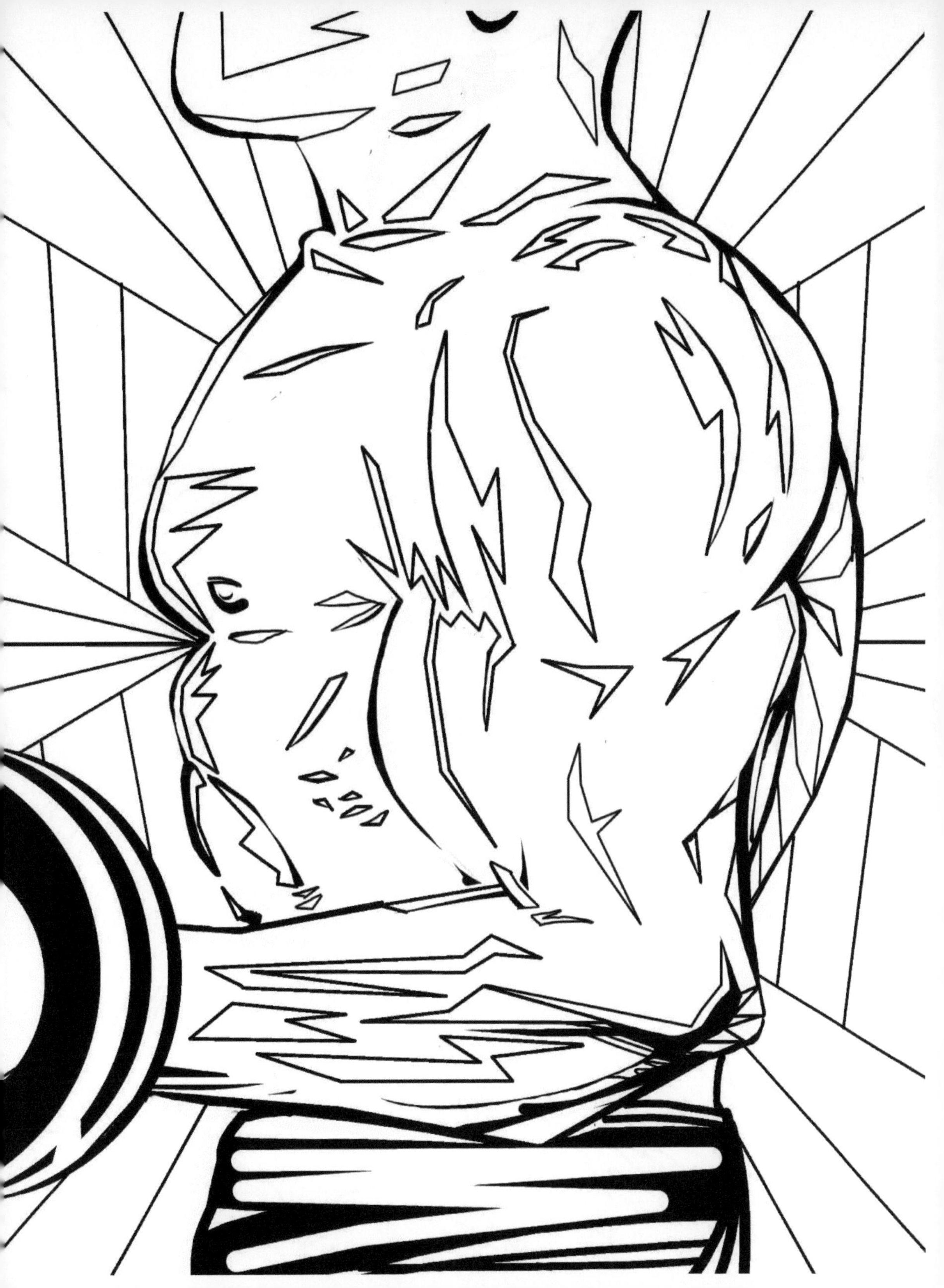

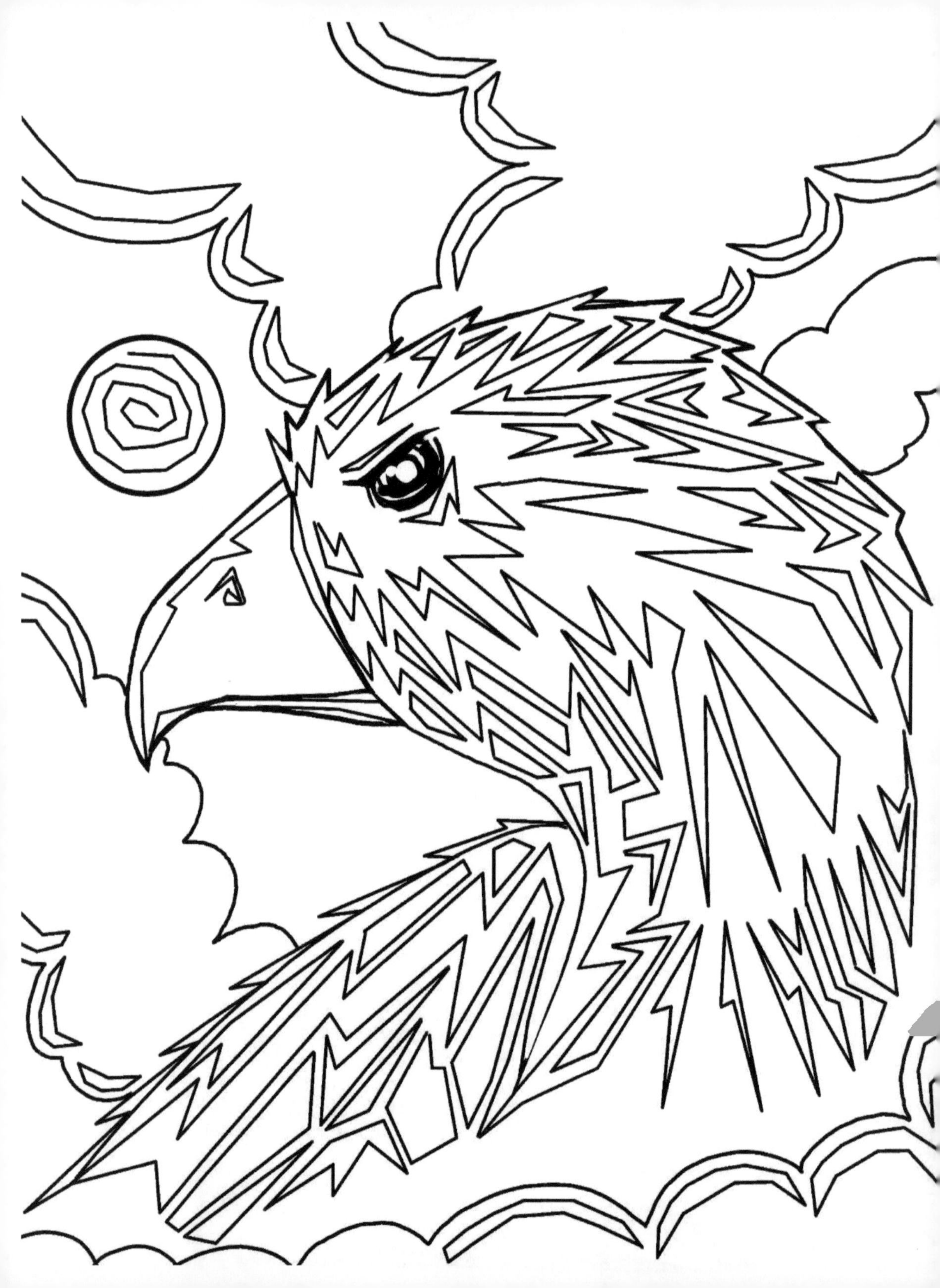

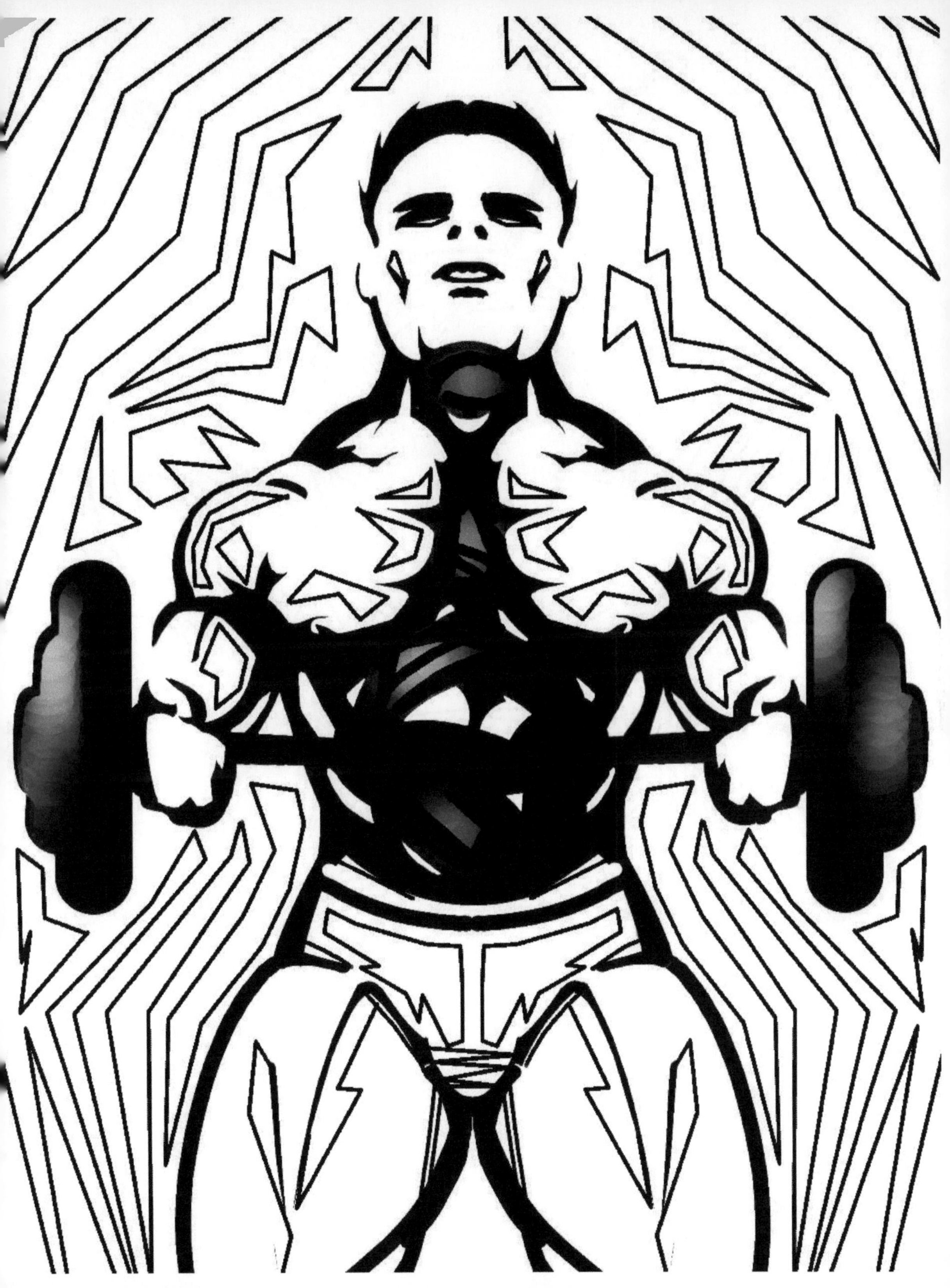

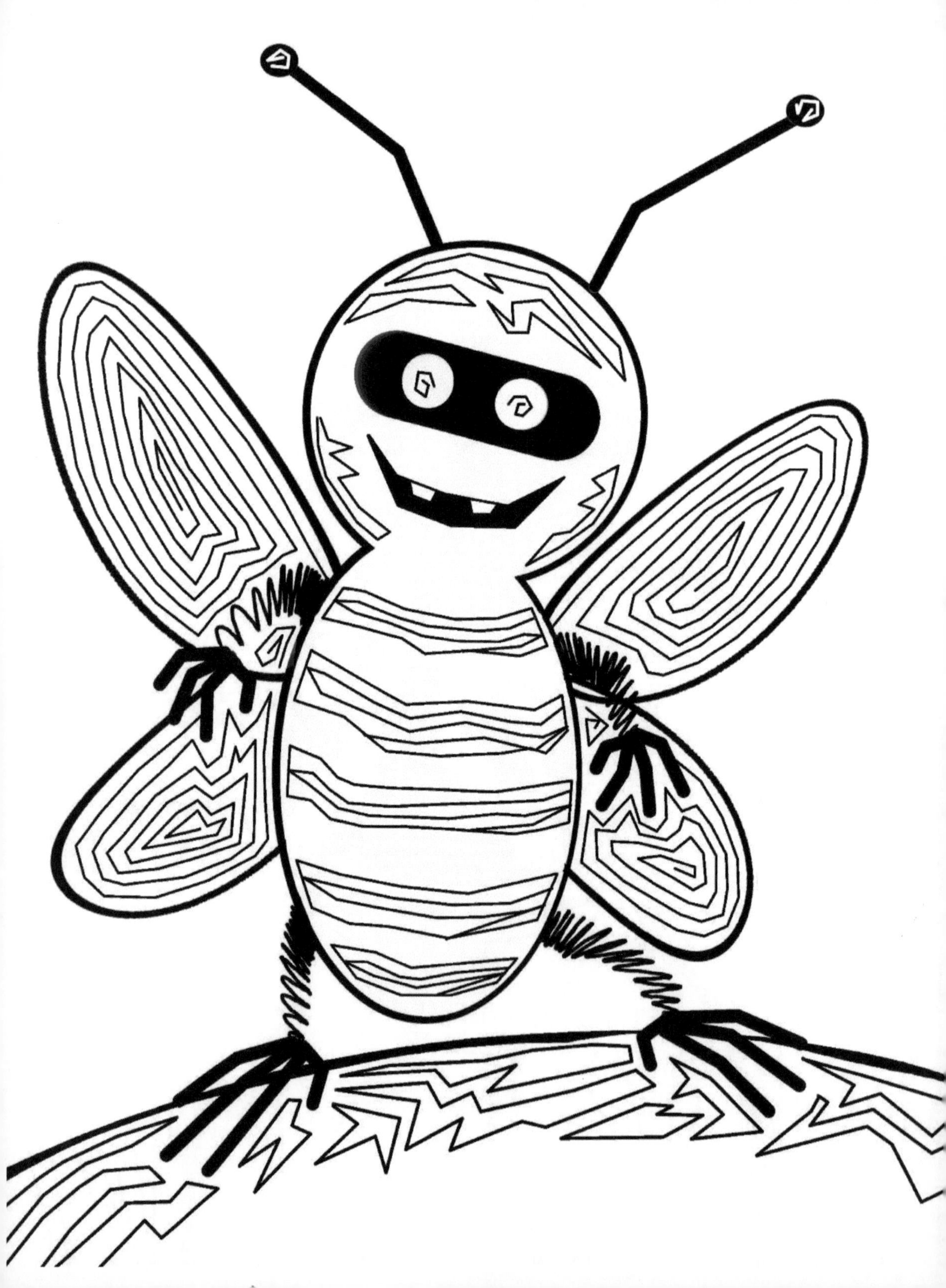

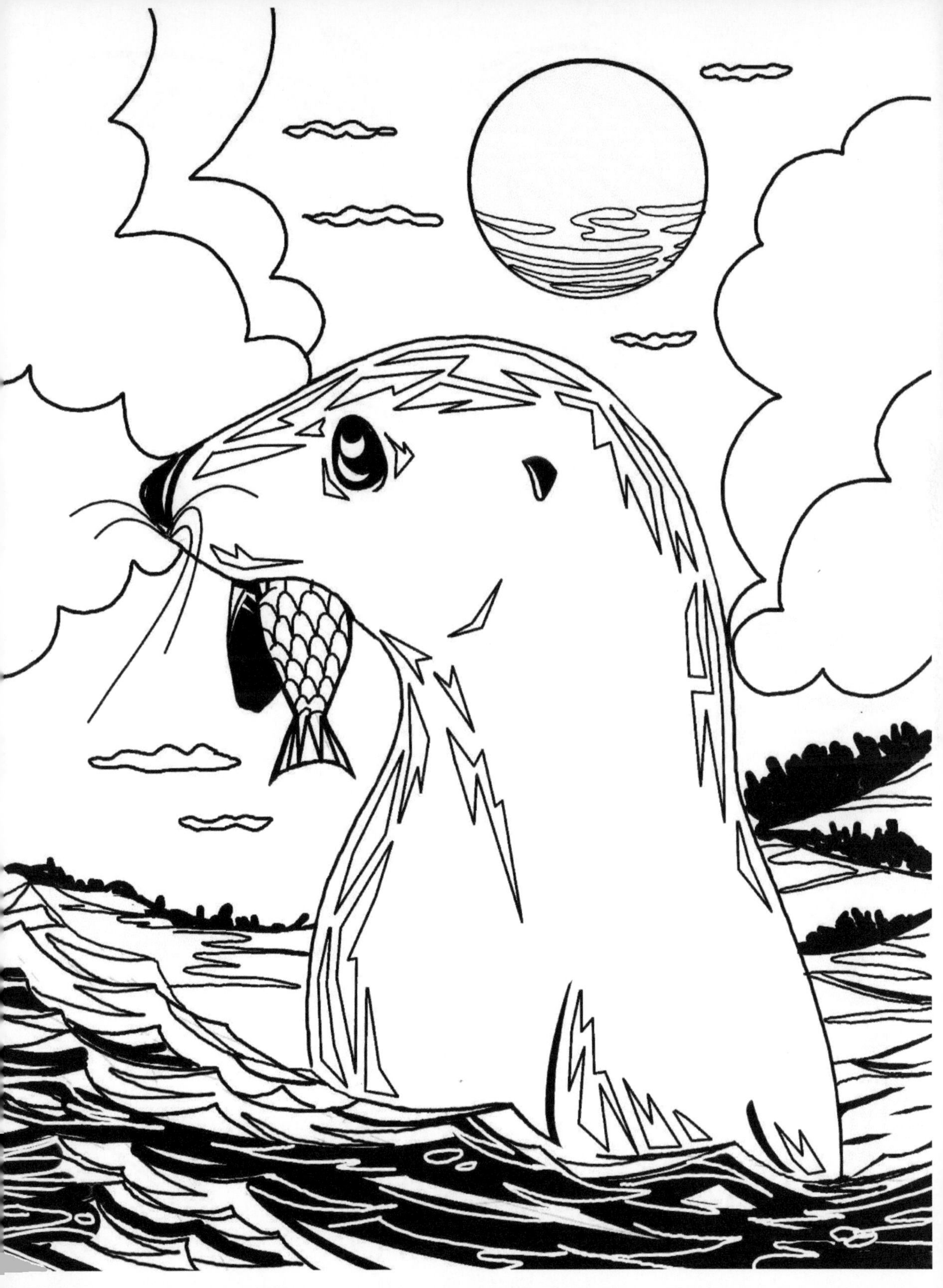

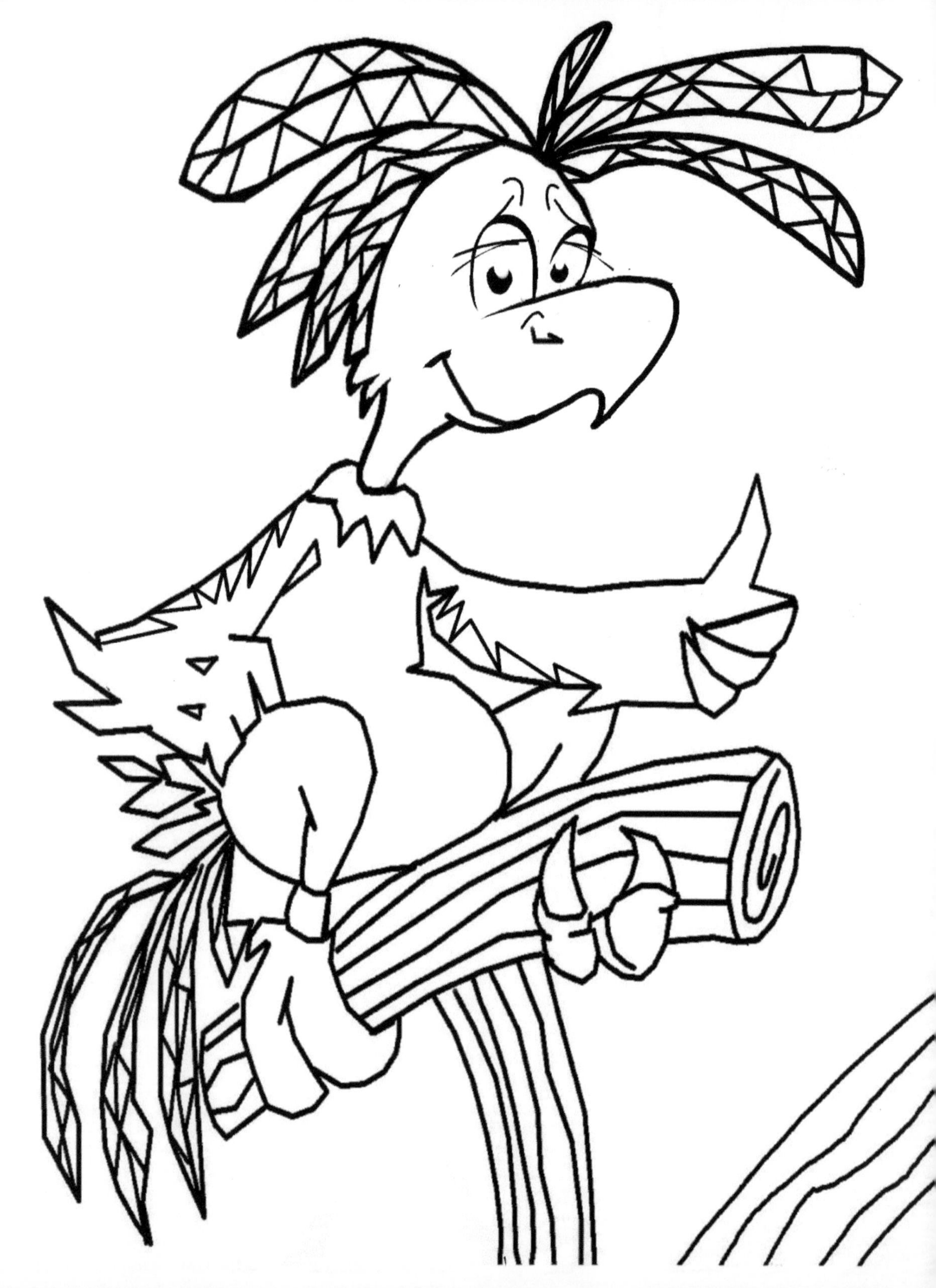

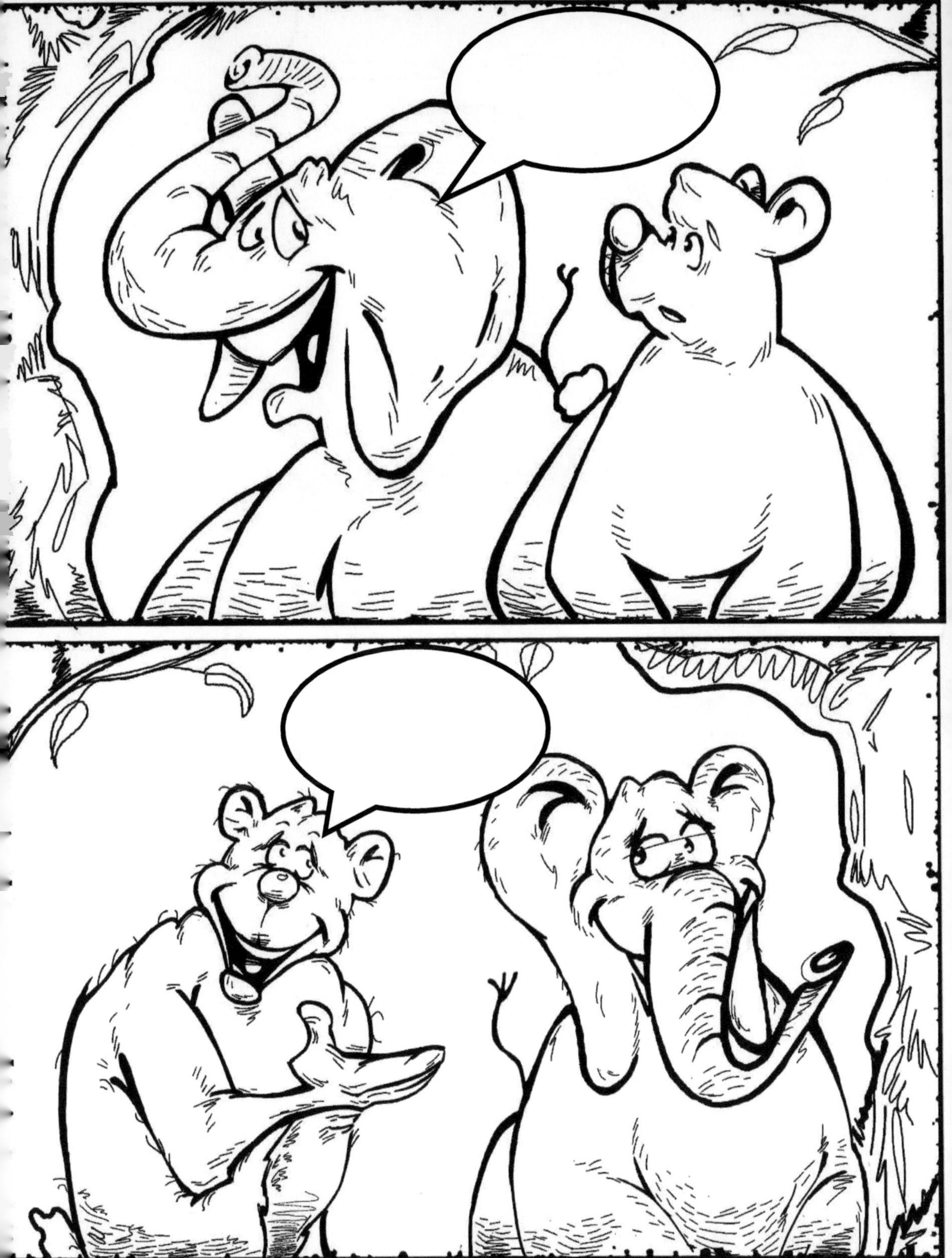

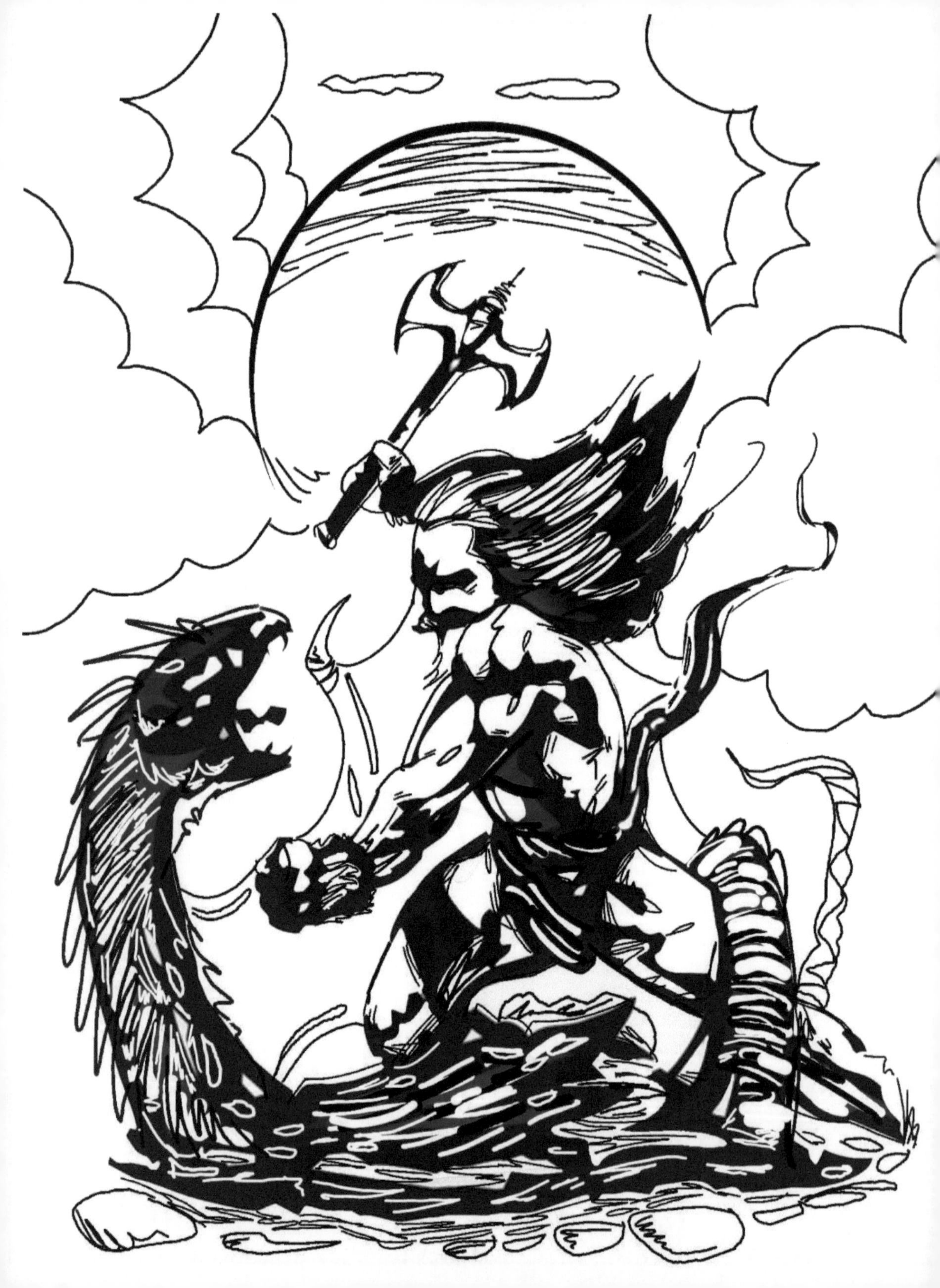

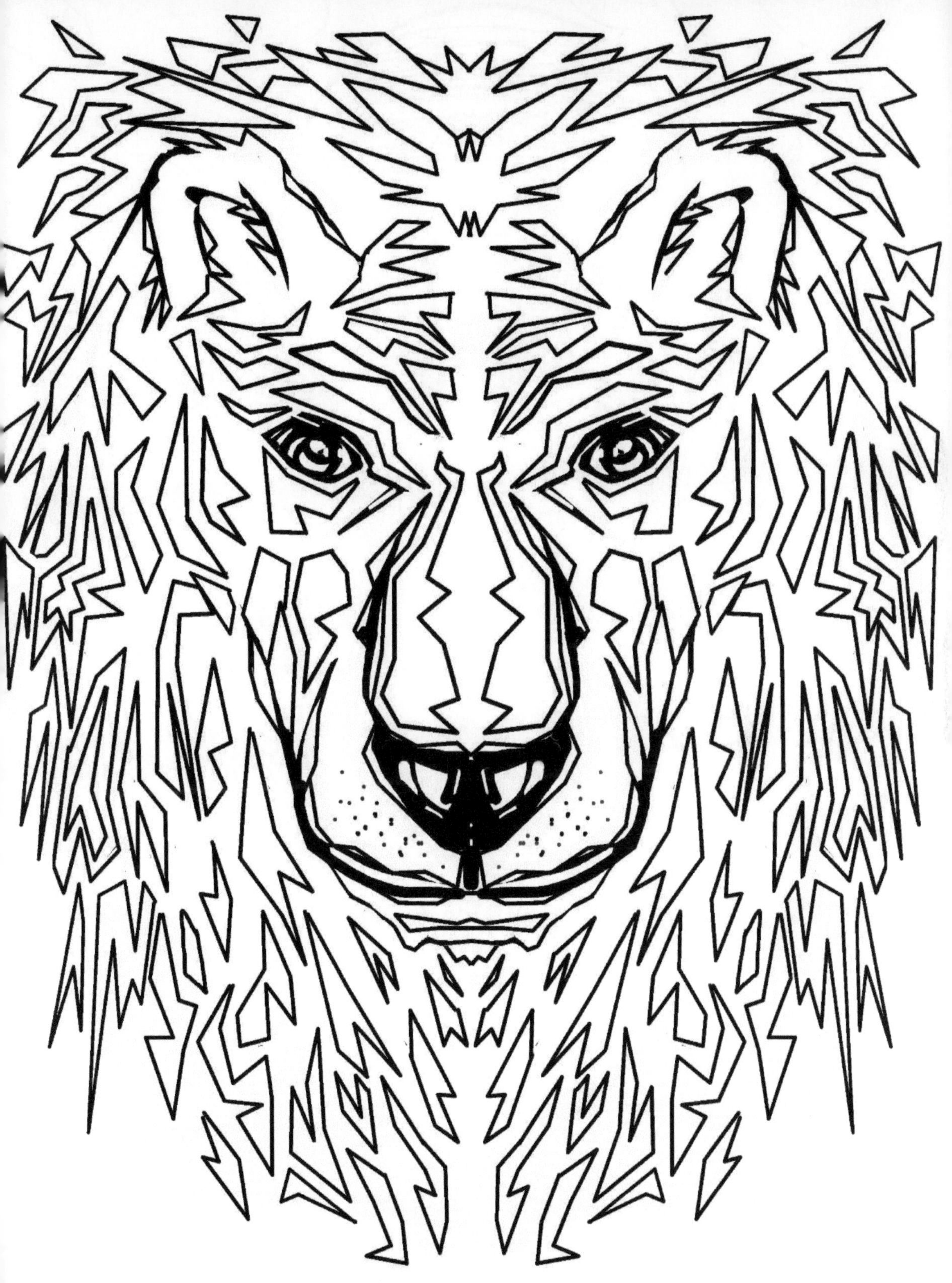

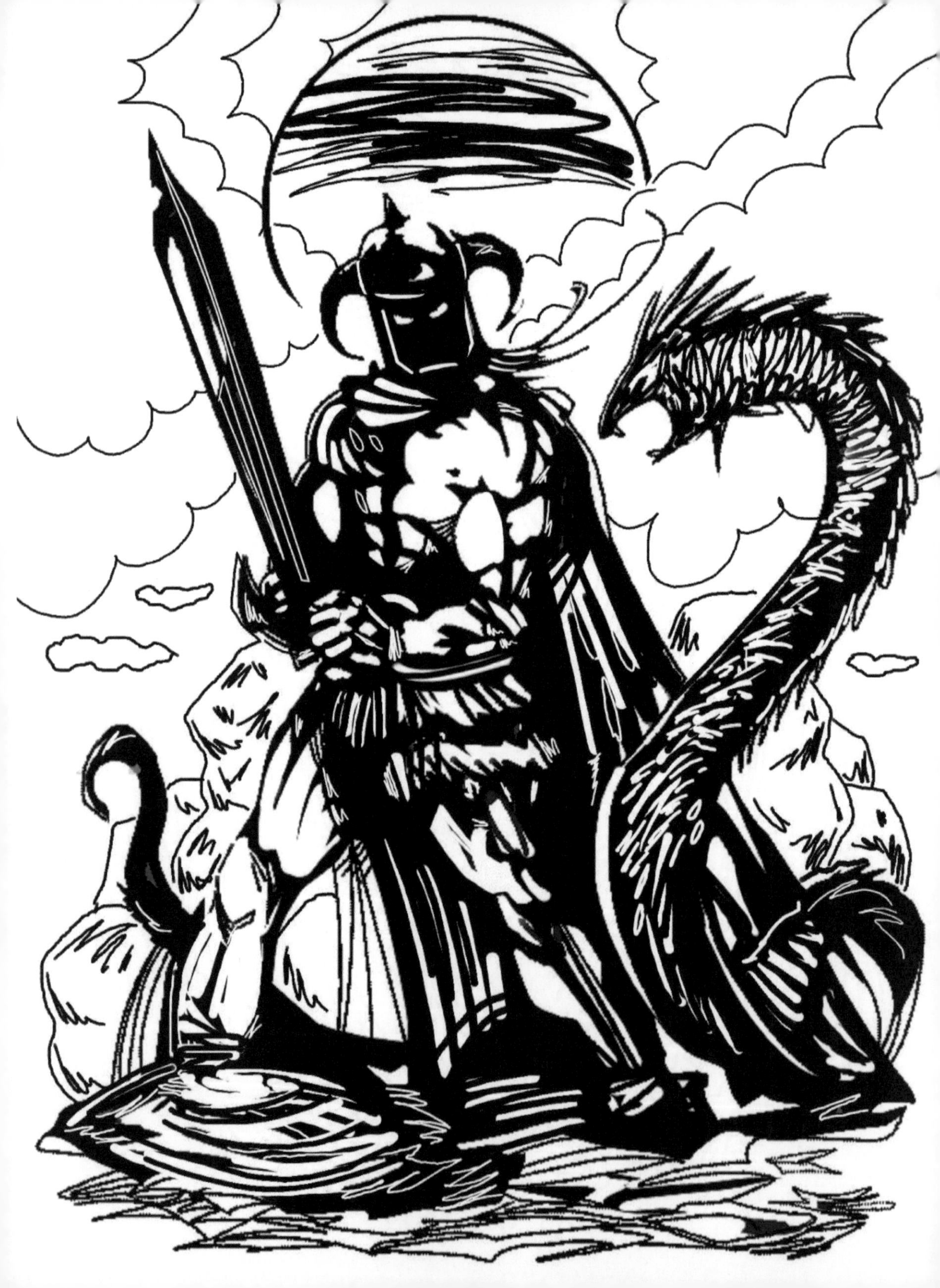

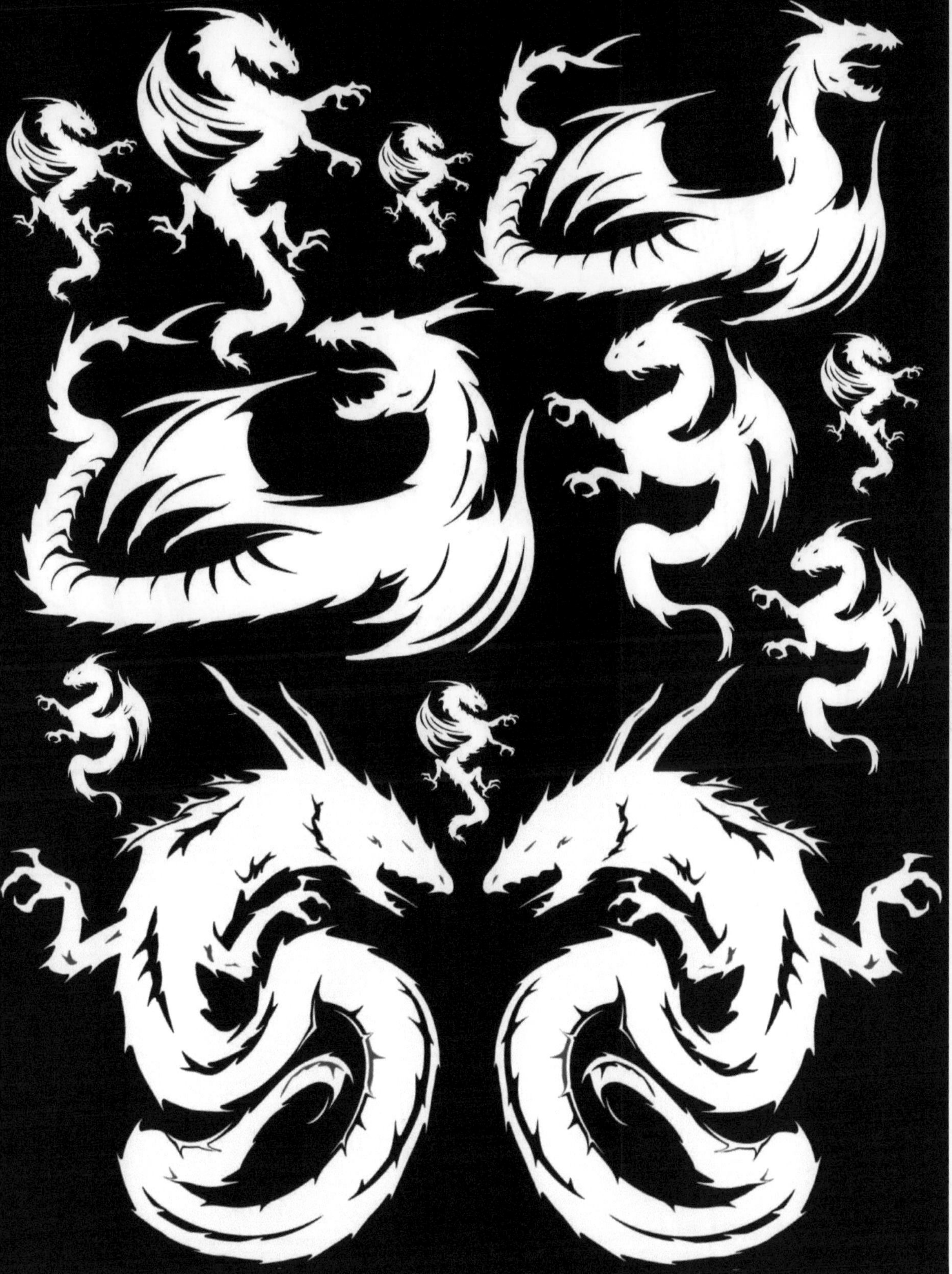

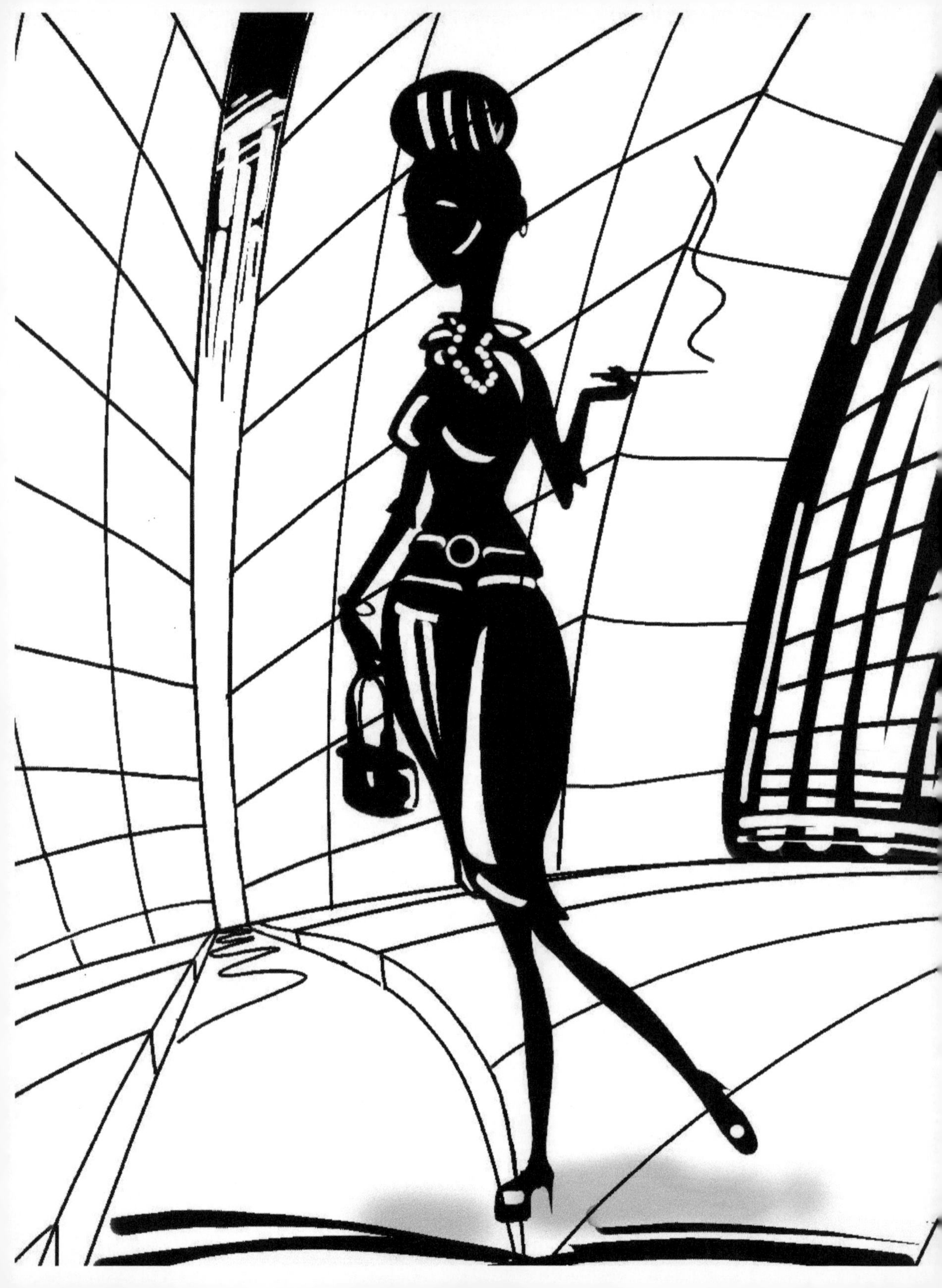

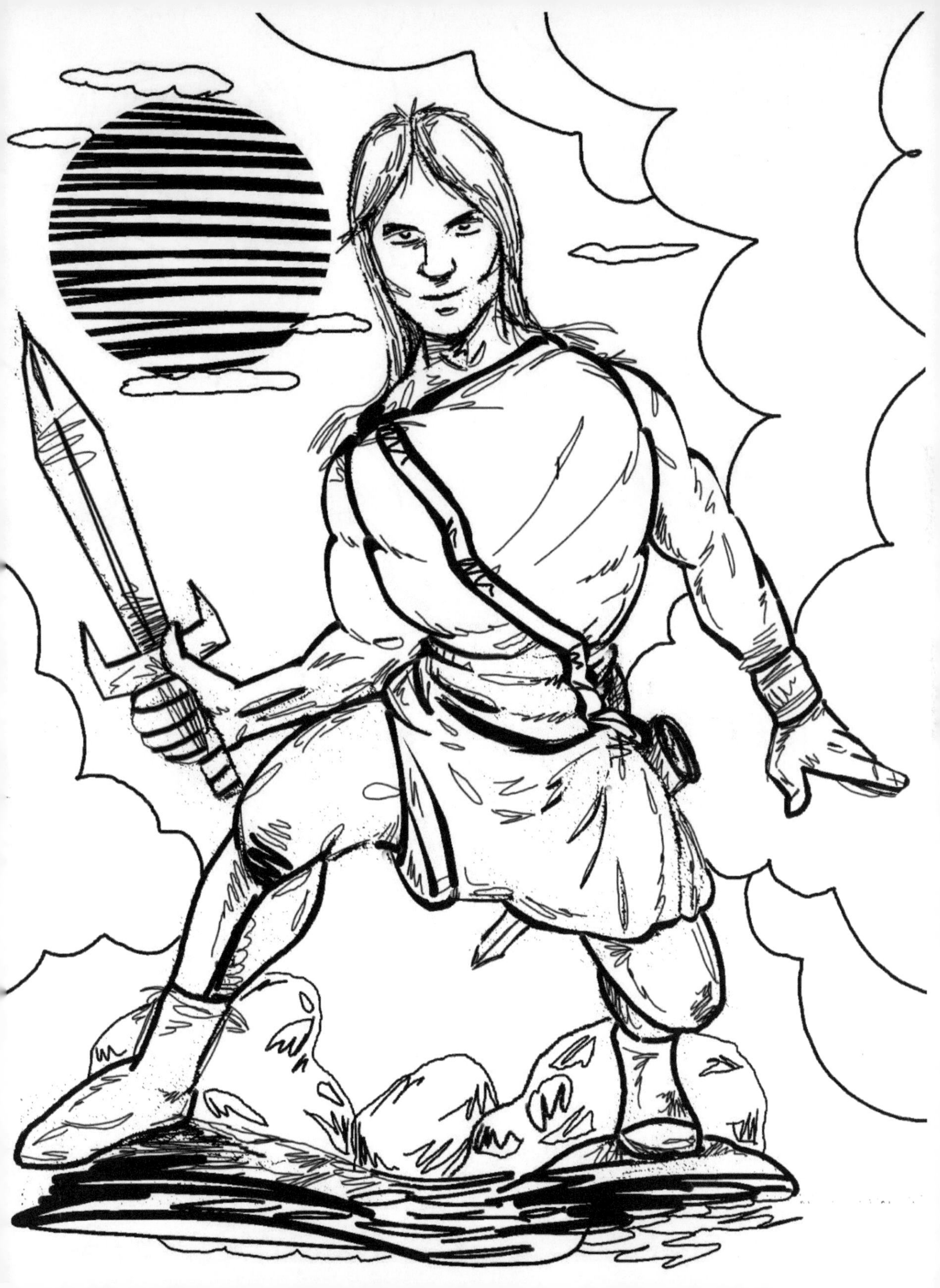

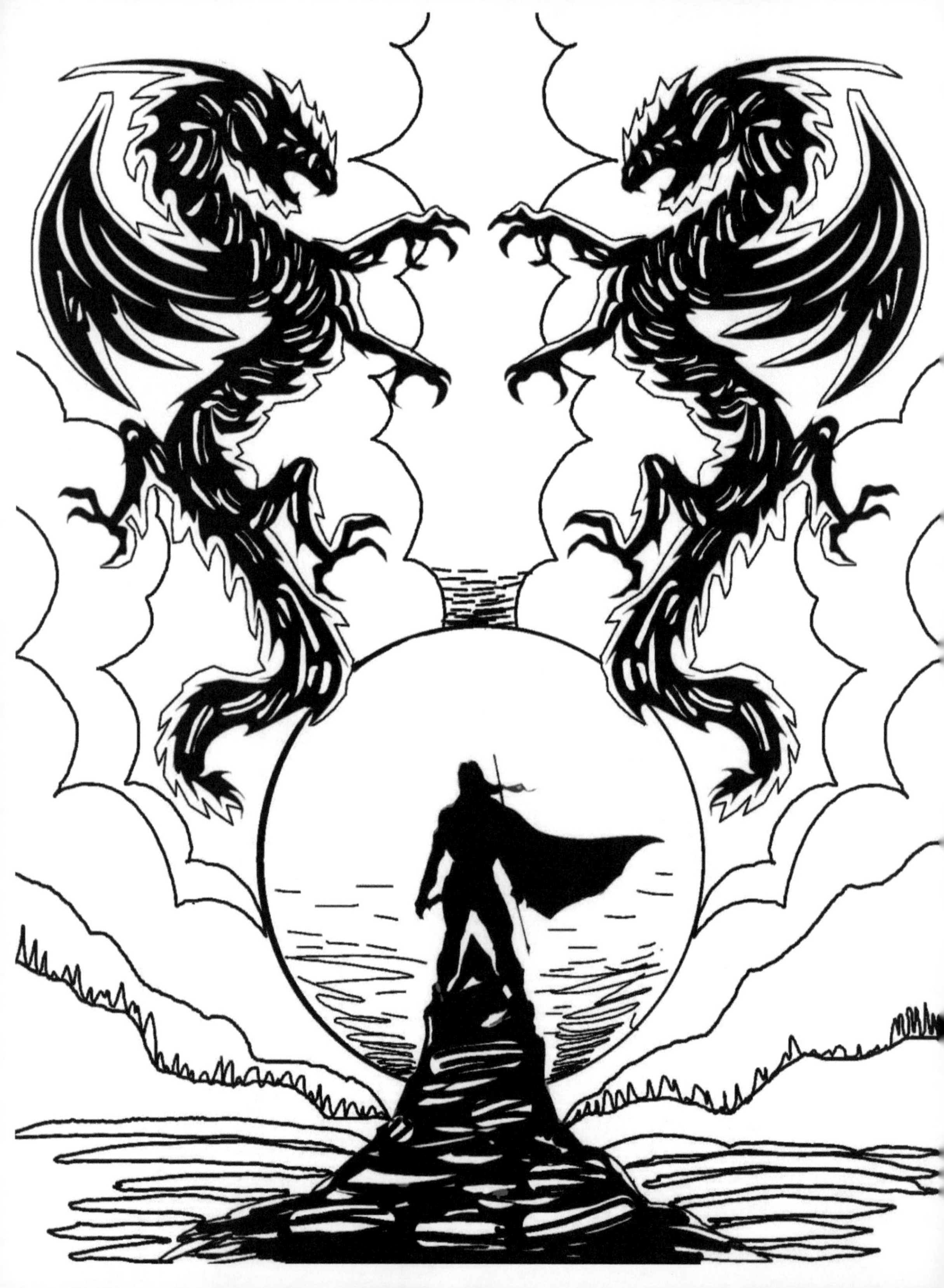

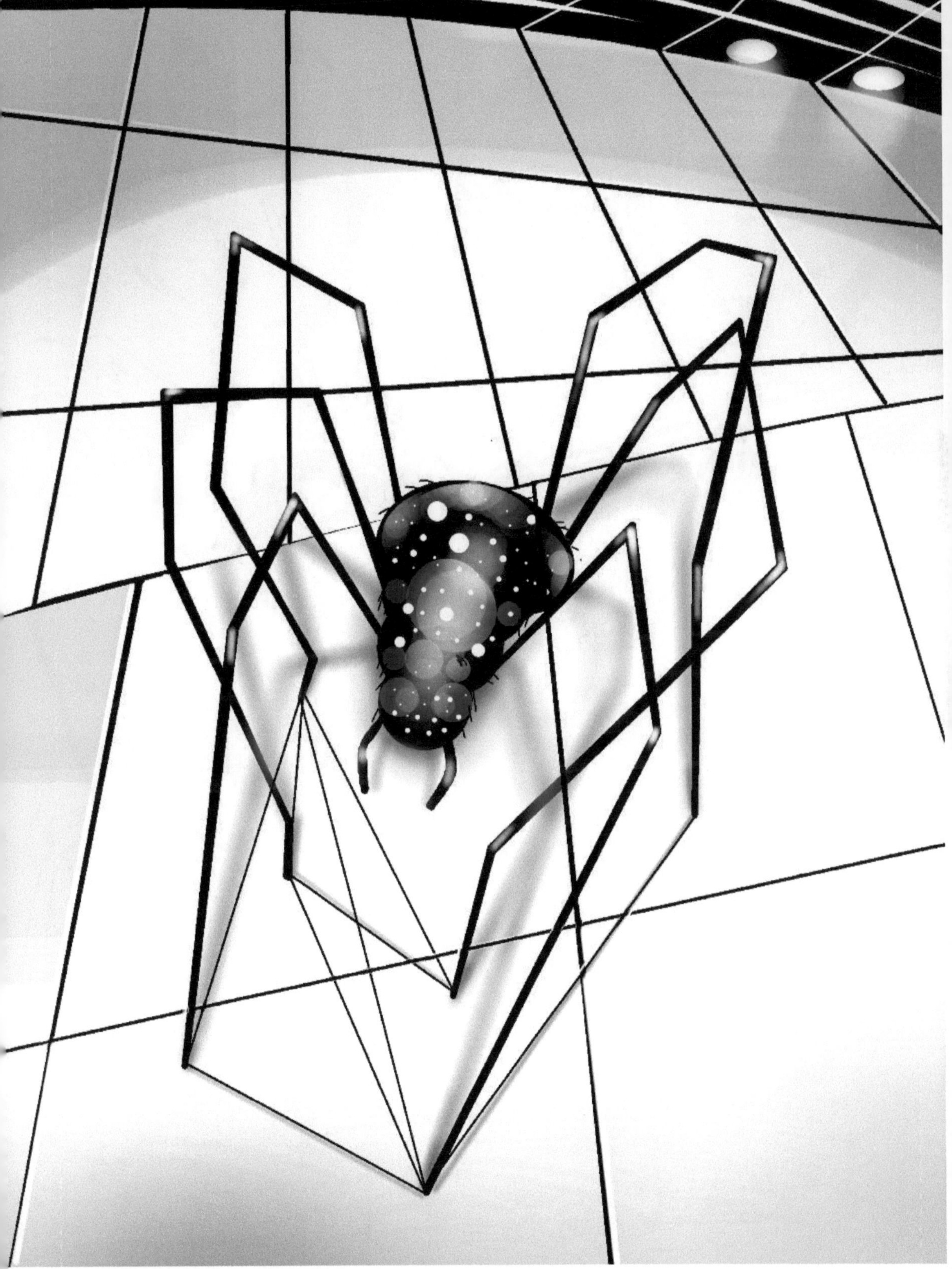

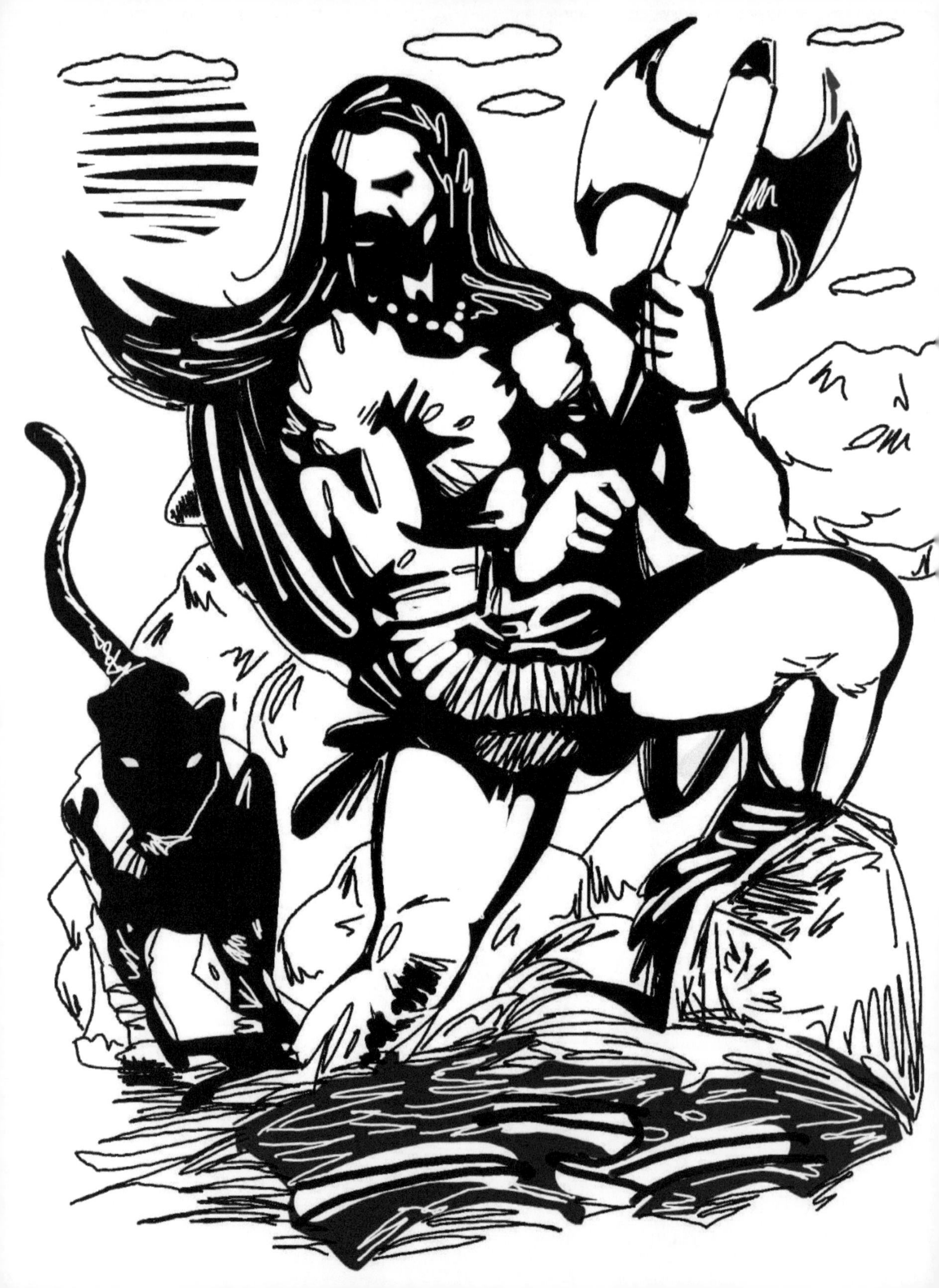